Bruno Bauch

Schiller und seine Kunst
in ihrer erzieherischen Bedeutung für unsere Zeit

Salzwasser

Bruno Bauch

Schiller und seine Kunst
in ihrer erzieherischen Bedeutung für unsere Zeit

1. Auflage | ISBN: 978-3-84607-850-1

Erscheinungsort: Paderborn, Deutschland

Erscheinungsjahr: 2015

Salzwasser Verlag GmbH, Paderborn.

Bruno Bauch (1877-1942) war ein deutscher Philosoph. In diesem ursprünglich 1921 erschienenen Buch porträtiert er Schiller und seine Kunst.

Bruno Bauch

Schiller und seine Kunst
in ihrer erzieherischen Bedeutung für
unsere Zeit

Salzwasser

Friedrich Mann's
Pädagogisches Magazin.
Abhandlungen vom Gebiete der Pädagogik
und ihrer Hilfswissenschaften.

Heft 263.

Schiller und seine Kunst
in ihrer erzieherischen Bedeutung für unsere Zeit.

Von

Dr. Bruno Bauch,

o. ö. Professor an der Universität Jena.

Zweite, vollständig umgearbeitete Auflage.

Preis 0,35 G.-M.

Schiller
und seine Kunst

in ihrer erzieherischen Bedeutung
für unsere Zeit.

Von

Dr. Bruno Bauch,

o. ö. Professor an der Universität Jena.

Fr. Manns Pädag. Magazin. Heft 263.

Zweite, vollständig umgearbeitete Auflage.

Vorwort zur zweiten Auflage.

Die erste Auflage dieses Schriftchens gab einen Vortrag wieder, den ich bei der Schiller-Gedenkfeier der Stadt Halle a. S. an des Dichters 100. Todestage gehalten hatte. Die besondere Gelegenheitsveranlassung forderte damals selbstverständlich eine ganz andere Behandlung des Themas, als sie jetzt notwendig wurde, wenn seine nochmalige Veröffentlichung gerechtfertigt sein sollte. Zwar habe ich mit Absicht nicht alle Spur der Erinnerung an die ursprüngliche Veranlassung getilgt. Diese wird der Leser gewiß gleich am Anfang sehr leicht und deutlich bemerken. Im übrigen aber ist die kleine Schrift gänzlich umgearbeitet. Aus der ursprünglichen Fassung wurden nur die ersten Seiten, und auch diese nicht unverändert, übernommen. Der größte Teil der Arbeit wurde neu geschrieben. Das geschah freilich nicht, weil ich etwa grundsätzliche Änderungen in meiner Stellung zu dem Thema hätte vornehmen müssen, sondern weil es mir für die neue Veröffentlichung geboten schien, sehr viel mehr Grundsätzliches herauszuarbeiten und dieses stärker und kräftiger hervortreten zu lassen, als es bei der ersten, zunächst ja für eine allgemeine Feier bestimmten Darstellung möglich war. Wenn ich in dieser Neubearbeitung erheblich mehr, als in der ersten Fassung, gesagt habe, so dürfte das nicht unangebracht sein. Schiller selber hat uns jedenfalls heute nicht weniger zu sagen, als damals.

Jena, im Februar 1924.

Bruno Bauch.

»Wenn ich mir denke, daß vielleicht nach hundert und mehr Jahren — wenn auch mein Staub lange verwehet ist — man mein Andenken segnet und mir noch im Grabe Tränen und Bewunderung zollt, dann ... freue ich mich meines Dichterberufs und versöhne mich mit Gott und meinem oft harten Verhängnis.«

So rief der vierundzwanzigjährige Dichter aus, als ihm inmitten der äußersten Not, des tiefsten wirtschaftlichen Elends der kleine Kreis Körners in Dresden — ein Kreis dem Dichter damals noch ganz unbekannter Verehrer — Hilfe und Teilnahme bot, aus der für Schiller die schönste, ihm über das Grab gewahrte und geweihte Freundschaft hervorsprießen sollte. Und wie ein Prophet sprach der junge Dichter über sein künftiges Schicksal. Das, was er damals ahnend schrieb, es hat sich ihm, alle Ahnungen überbietend, erfüllt. Tränen und Bewunderung haben sein Andenken gesegnet, wie er es selbst vorausgewünscht.

Welch namenloser Schmerz vor hundert Jahren alle deutschen Herzen durchzuckte bei der Kunde: Schiller ist tot! — davon machen wir uns jetzt nur noch eine schwache Vorstellung. Aber auch heute noch könnte bloß der Barbar unergriffen bleiben, wenn er das Leben Schillers auch nur geschichtlich betrachtet, und wenn ihn diese Betrachtung belehrt, wie wahr des Dichters eigenes Wort ist, das da heißt: »Von der Wiege meines Geistes an habe ich mit dem Schicksale kämpfen müssen.« Jede einigermaßen zu Gefühl und Teilnahme gestimmte Seele aber muß der tiefste Schmerz angesichts eines so harten Schicksalskampfes, wie ihn der

Dichter hat führen müssen, auch heute noch ergreifen und wird sie stets ergreifen. Ein Teil seiner Ahnung hat sich ihm also aufs glänzendste erfüllt. Glänzender aber noch der andere: Bewunderung hat sich, mehr als er geahnt, unaustilgbar mit seinem Namen verknüpft, und der tote Held und Dichter lebt ewiglich.

Es war der große Freund, der, mitten im Schmerze, der Bewunderung im Namen der Menschheit den schönsten Ausdruck gab. Nicht zwar gebot er seinem Schmerze Ruhe. Denn »das ist eine gemeine Seele, die eine Heilung annimmt von der Zeit«. Dies Wort des großen Toten war auch dem großen Überlebenden aus dem Herzen gesprochen. Aber die laute Klage sollte verstummen vor der Bewunderung dessen, was ewig lebendig ist an dem Verstorbenen. In einem der herrlichsten Gedichte unserer Literatur, lieh Goethe dem Worte, was ihn, was seine Zeit bewegte und erfüllte.

Das stolze Verwandtschafts- und Gemeinschaftsbewußtsein: »Er war unser!« — ergreift mit Innigkeit gerade das Vorbildliche. Dieses stellt Goethe mit ebenso inniger Liebe, wie eindringlicher Kraft seiner Zeit vor das Bewußtsein, um ihm zu Nacheifer weckender Wirkung zu verhelfen.

> »Indessen schritt sein Geist gewaltig fort,
> Ins Ewige des Wahren, Guten, Schönen,
> Und hinter ihm, in wesenlosem Scheine,
> Lag, was uns alle bändigt, das Gemeine.«

> »Zum Höchsten hat er sich emporgeschwungen,
> Mit allem, was wir schätzen, eng verwandt.
> So feiert ihn!«

Aber das »so feiert ihn«, es ist vom Freunde nicht bloß den Seinen, den überlebenden Zeitgenossen ans Herz gelegt. Die Forderung richtet sich auch an die Nachwelt. Der Führer »ins Ewige« ist vorbildlich für alle Zeit.

> »Denn was dem Mann das Leben
> Nur halb erteilt, soll ganz die Nachwelt geben.«

Und zugleich sagt sie auch, wie wir den Dichter feiern sollen, auch wir Nachgeborenen, indem wir ihn eben gerade als Führer »zum Höchsten« ehren.

Mit äußeren Ehren wäre es nicht genug, wenn wir den Dichter in Goethes Sinne ehren wollten. Das ist allein die wahre Ehrung des Dichters, daß sie wird zur Besinnung auf die hohen Werte, die er der Welt gebracht, zur Besinnung darauf, was er durch Wesen und Werk uns bedeutet, uns, unserem Volke, ja der Welt. Und selbst wenn solche Besinnung mit Notwendigkeit auch unendlich weit davon entfernt bleiben muß, uns nur einigermaßen die volle, unerschöpfliche Bedeutung des Künstlers widerzuspiegeln, so möge doch eine Kraft in ihr wohnen: Sie möge uns geben einen Impuls, der uns hintreibt zu unserem Helden, sie möge einen Funken der Liebe entzünden, den jeder weiter durch eigenes Bemühen zur heiligen Flamme nähre, auf daß er mehr und mehr erfasse des Dichters Wesen und Tat, auf daß er begreife, wodurch er aller Zeit vorbildlich geworden ist. Und hat einer das Vorbild erkannt, dann lasse er es nicht bloß Bild sein, sondern lasse es werden zu lebendiger Tat der Nacheiferung. Sind wir soweit, erst dann sind wir würdig, ihn den unseren zu nennen, erst dann dürfen wir mit Goethe sagen: er war unser.

Dieser herrliche Freund, dem Schiller die Hälfte seines Seins nach eigenem Geständnis bedeutet, er hat ihn erkannt als das, was er war, er hat ihn gepriesen als einen Führer durchs Leben zum Idealen. »Schillers ganze Produktivität,« so sagt er von seiner Kunst, »lag im Idealen und es läßt sich sagen, daß er ebensowenig in der deutschen, als in einer anderen Literatur seinesgleichen hat.«

Wenn je eine Zeit eines solchen Führers zum Ewigen des Wahren, Guten, Schönen bedarf, dann ist es die unserige. Sie schwebt in der Gefahr der größten Veräußerlichung und der gemeinsten Verflachung. Und diese Gefahr bewegt sich nach zwei Polen hin. Auf der einen Seite sucht, unter der Form einer gewaltigen gigantischen Massenbewegung, ein scheinbar soziales Leben alles Persönliche und Individuelle zu verschlingen. Die inneren Werte, jene Schätze, die nicht Rost und Motten fressen, werden achtlos beiseite gesetzt. An ihre Stelle tritt die Sucht nach äußeren Gütern, Gewinn, Glück, Lohn, Vermögen, gesellschaftlichen Tand und Flitter. Das Ewige des Wahren, Guten, Schönen wird zum bloßen Zierat, wird betrachtet wie ein Kleid oder äußeres Schmuckstück, das man nach Bedarf anlegt, um zu gefallen und zu glänzen, das man wieder ablegt und an den Nagel hängt, sobald man keinen falschen Schein mehr auszuspielen hat. Auf der anderen Seite empört sich das Individuum gegen einen Druck, der nur scheinbar sozial ist. Und weil er eben nur zum Schein sozial, in Wahrheit grob massenhaft, materiell ist, macht sich gegen ihn breit eine schrankenlose Willkür, ein ungebändigter Subjektivismus. Er setzt sich die Maske der Vornehmheit auf. Stolz verachtet er die Masse und die »Werte« der Masse. Aber sich selbst weiß er auch keinen Wert zu geben. Er verliert sich in einen blinden Taumel des absolut willkürlichen Sich-Auslebens. Und das nennt er seine Vornehmheit.

Herdenmoral und Herrenmoral, das sind die Schlagworte, die, um den Sinn gebracht, den Nietzsche ihnen gegeben, unsere Zeit durchs Leben führen sollen. Das sind die Gegensätze unserer Zeit. Sie sind beide die Gefahren unserer Zeit. Grundfalsch wäre es, einen dieser Typen zu bekämpfen und sich auf die Seite des anderen zu stellen. Beide müssen überwunden werden, und zwar so, daß ihre Kluft überbrückt wird durch Bloßlegung ihrer Fehler.

Alle ihre Fehler aber münden ein in den einen: der blinden dogmatischen Bewertung des tatsächlichen Lebens. Und so sehr sie in ihren Folgerungen auseinandergehen, in dem fehlerhaften Prinzip sind beide in letzter Instanz einig.

Und doch hatte eine tiefere Einsicht bereits die Übel überwunden, an denen unsere Zeit heute erst eigentlich krankt. Vor 100 Jahren bereits! Der kritische Idealismus Kants hatte das geleistet. Er aber hat keinen mächtigeren Bundesgenossen gefunden, als die Kunst Schillers. Durch das Morgentor des Schönen führt er uns in der Erkenntnis

Land, und vom Wahren geleitet er uns zum Wahrhaft-
Guten. Die gewaltigsten Gedanken der kritischen Lebensanschauung haben in den reifsten Werken seiner Kunst
plastische Gestalt und fruchtbare Weiterbildung gewonnen.
Darum konnte er seine tiefe Wirkung tun und wird sie
auch auf unsere Zeit tun können, wenn diese auch ihn
wieder bei sich aufnimmt.

Es war ein langer mühevoller Weg, den sich der
Dichter zu eigener Höhe emporgerungen hat; ein Weg
voller Not, Entsagung und Entbehrung. Aber gerade darum
hat er durch sein eigenes Sein und Wesen erwiesen, was
er uns durch seine Kunst gelehrt, daß nämlich das Leben
der Güter höchstes nicht ist. Ja, das Leben als solches,
das bloße liebe Dasein ist überhaupt kein Wert, wie der
moderne scheinbar soziale, in Wahrheit rein wirtschaftliche
Materialismus einerseits und der Willkürindividualismus
andrerseits sich in dogmatischem Schlummer träumen lassen.
Das Leben erhält erst Wert, wenn es objektiven Zwecken
dient, die ebenso erhaben sind über alle Willkür, wie über
alle Massengelüste. Ein zweckloses Leben ist ein wertloses
Leben. Wert erlangt das Leben erst vom Idealen. Das
ist der Kern des Evangeliums seiner Kunst.

Denn seine Kunst will selbst sein das Bindeglied
zwischen »Ideal und Leben«. Und jede echte Kunst soll
das sein oder sie ist keine Kunst, erklärt der Dichter.
Das heißt: Sie soll Ausdruck einer Innerlichkeit sein, die
ihren Gehalt vom Ewigen empfängt, um Ewiges in die
Zeitlichkeit hineinzubilden. Nicht aber soll sie sein bloß
Spiegel und Kopie des Zeitlichen. Dann wären ja der
Spiegel an der Wand und die photographische Kamera
die größten Künstler. Die Kunst wendet sich an den
ganzen Menschen, an den geistigen, wie den sinnlichen.
Sie belebt unsere sinnliche Natur, indem sie unserer geistigen
vorbildliche Ideen entgegenhält. Sie macht an sich un-
anschauliche Ideen in den Gestaltungen der Kunst anschau-
lich, um durch sie unser Gemüt zu bewegen und für
Ideen empfänglich zu machen. So kann sie selbst werden

die Führerin einer sich zum Ideal, d. h. zu ihrer Bestimmung aufringenden Menschheit. Ihr Wert steigt und
sinkt mit dem der Kunst. Daher die Mahnung an die
Künstler:

»Der Menschheit Würde ist in eure Hand gegeben,
Bewahret sie!
Sie sinkt mit euch, mit euch wird sie sich heben!
Der Dichtung heilige Magie
Dient einem weisen Weltenplane.
Still lenke sie zum Ozeane
Der großen Harmonie.«

Harmonie aber stiftet die Kunst gerade in unserem
Wesen, stiftet sie dadurch, daß sie unser Gemüt und
Gefühl für Ideen empfänglich macht, und so vermag sie
das bloße Leben zur Höhe der Vernunftbestimmung, d. h.
zum Ideal emporzuleiten.

Indem sie uns Ideen zur Anschauung bringt, unser
Gefühl für jene belebt, lehrt sie uns zunächst durch das
Schöne die Wahrheit lieben und bietet selbst der Wahr-
heit in einer noch unwahrhaftigen falschen Zeit Schutz:

»Von ihrer Zeit verstoßen, flüchte
Die ernste Wahrheit zum Gedichte
Und finde Schutz in der Camoenen Chor!«

Die Wahrheit und die Liebe zu ihr, die Wahrhaftigkeit,
aber sind selbst unerläßliche Voraussetzung der Liebe zum
Guten. Ohne Wahrheitsmut sind wir noch weit davon
entfernt, sittlich gute Menschen zu sein. »Ein alter Weiser
hat es empfunden, und es liegt in dem tiefbedeutenden
Ausdruck versteckt: sapere aude. Erkühne Dich, weise zu
sein!« Diese Forderung richtet der Dichter an die Menschheit.

Sie erfüllen aber können wir nur, wie er sagt, mit
Hilfe des »Werkzeugs der schönen Kunst .... mit ihren
unsterblichen Mustern,« durch die sie das Ewige und Zeit-
lose »in die unendliche Zeit zu werfen und den Menschen
von einem beschränkten zu einem absoluten Dasein zu
führen« vermag.

Das soll nicht heißen, daß die Wahrheit und die Idee
der Pflicht in ihrem Werte und in ihrer Geltung abhängig

wären von dem ästhetischen Werte. Nein, sie haben für sich selbst Geltung, und der Dienst an ihnen muß für sich selbst und um seiner willen Gültigkeit und Einfluß haben, wie der ästhetische Wert autonom ist und die Kunst eine sowohl von der Erkenntnis der Wahrheit, wie von der sittlichen Pflichterfüllung unabhängige Eigenbedeutung für sich hat. Aber im Ganzen der Werte hängen alle Werte selber zusammen. Daß darum auch für das in seinem Schaffen und Wirken auf Werte gerichtete Subjekt Wahrheit und sittliches Sollen bestimmend sein können, dazu bedarf es auch innerhalb dieses Subjekts eines Zusammenhanges des theoretischen und des sittlichen Verhaltens mit der »ästhetischen Stimmung unseres Gemüts«, die besonders die Kunst in uns rege macht und belebt. »Von der Schönheit zur Wahrheit und zur Pflicht« führt den Menschen gerade diese ästhetische Stimmung unseres für Ideen empfänglichen Gemüts, durch jene eminente Wirkung der Kunst also, die nach den an sich zwar nicht anschaulichen und »nie erscheinenden« Ideen ihre Anschauungen und Erscheinungen gestaltet und den Gehalt der Ideen in ihren Werken zur Darstellung und zum Ausdruck bringt.

Wir sehen, welch erhabene Aufgabe Schiller der Kunst weist: keine geringere, als den Menschen zum Höchsten seiner Bestimmung emporzuheben, das menschliche Leben mit einem inneren Gehalte zu füllen. Die schöne Kunst bedeutet nach des Dichters eigenstem Ausdruck eine »Erziehung des Menschengeschlechts«.

In den Interessen der Gegenwart macht sich deutlich bemerkbar ein allgemeines Verlangen nach Schönheit und nach innerlicher Tiefe der Kunst. Es kündigt sich immer mehr an das Bedürfnis nach einer Verlebendigung unserer innersten Natur im Gegensatz zu der drohenden, von außen zudringenden »Mechanisierung« des Daseins.

Sehen wir uns freilich in der Gegenwart nach einem wahrhaften Erzieher zum Schönen um, so dürfte es schwer sein, einen namhaft zu machen, in dessen Hand wir der

Menschheit Würde vertrauensvoll zu legen gesonnen
wären. Gewiß hat auch unsere Zeit für die Kunst eine
Bedeutung und die Kunst eine Bedeutung in unserer Zeit.
Diese Bedeutung ist, seitdem diese Blätter zum ersten Mal
erschienen, unvergleichlich gewachsen. Sie ist viel tiefer
und innerlicher geworden. Unsere Kunst ringt gerade in
der Gegenwart mit viel reinerer und heißerer Inbrunst um
den Ausdruck solcher Innerlichkeit. Aber eine Gefahr, auf
die wir früher schon hingewiesen haben, besteht auch
heute noch. Allzuleicht ist sie, gerade bei ihrer bedeutungs-
vollen Wendung zum persönlichen Innersten und inner-
lichsten Persönlichen, geneigt, als solches schon das Individuum zu nehmen und bei diesem stehen zu bleiben.
Aber gerade unserer Zeit ist doch über dem Kulte des
Individuums nicht minder, wie über dem groben Massengötzendienst der Zusammenhang mit den tieferen Problemen
und den höheren Zielen, von denen her dem Leben erst
Wert erwachsen kann, verloren gegangen, jenen Zielen und
Werten, zu denen die Kunst selbst unsere Kraft in immer
strebendem Bemühen emporleiten könnte. Da der Kult des
Individuums und der Massengötzendienst, so gegensätzlich
sie auch in die Erscheinung treten, zuletzt doch aus der-
selben Wurzel entspringen, die eben in dem Widerspruch
und Gegensatz ihrer Triebe auch ihre innere Krankhaftigkeit
aufweist, so kann uns der Gegensatz und Widerspruch auch
an demselben Kunstwerk, das bei dieser Zeit in Gunst steht,
begegnen. Und doch ist es, in einem anderen Widerspruch, seinem innersten Wesen nach oft dazu angetan,
auch unser innerstes Wesen zu ergreifen und uns über
das ewig Gestrige der platten Alltäglichkeit emporzuheben
und wird trotzdem selbst wieder in deren Bann geschlagen,
nicht selten selbst in den Bann der Plattheit des parteipolitischen
Instinktes. Die Herrschaft äußerer Mächte raubt dann der
Kunst gerade ihre freie Innerlichkeit und wandelt sie zur
sklavischen Äußerlichkeit, die wir beide dann unausgeglichen
mit einander in einem und ebendemselben Werke antreffen.
Und doch kann die Kunst aus sich selbst, von innen

heraus, aus innerer Notwendigkeit uns durch das lebendige Leben über das bloße Dasein naturhafter Alltäglichkeit und niederer Triebhaftigkeit emporheben und ihm einen geisteslebendigen Gehalt geben. In diesem Sinne kann sie Erzieherin sein, eine erzieherische Kraft an uns betätigen.

Welche Kunst aber besitzt diese erzieherische Kraft in gleichem oder gar höherem Maße, als die Kunst Schillers, leuchtet uns in gleicher Weise vor, wie sie? Sie offenbart uns die Gottheit in unserer eigenen Brust und führt uns dadurch zur Freiheit innerer Selbstbestimmung. Den »Dichter der Freiheit« hat man Schiller genannt. Das ist kein Schlagwort und keine Phrase. Goethe, der bündigste und zuverlässigste Zeuge bezeugt es: »Durch alle Werke Schillers geht die Idee von Freiheit«, erklärt er. Freilich sie geht einen reichen, weiten Weg in einer weiten, reichen Entwicklung des Dichters.[1] Mit ihrem Probleme ringt er bereits in seinen ersten, frühesten Anfängen. »Mein Geist dürstet nach Taten, mein Atem nach Freiheit,« so ruft der Held seines ersten Dramas aus. Aber dieser vermengt noch die Freiheit mit Gewalt und Willkür. Über ihn »fuhr nur der Traum der Freiheit wie ein Blitz in der Nacht, der sie finsterer zurückläßt.« Aber daß er das selbst begreift, auch wenn er die Freiheit als solche noch nicht begreift, das eröffnete den Weg zum Ziele der Freiheit, zu deren echtem Gehalte sich endlich der Dichter, gefestigt und gestählt durch die philosophische Großtat Kants, erheben kann. Es ist darum wiederum von Goethe richtig gesehen, wenn er von Schillers Entwicklung zur Freiheitsidee sagt: »Diese Idee nahm eine andre Gestalt an, so wie Schiller in seiner Kultur weiter ging und selbst ein anderer wurde.« Von der Stufe der Vermengung von Willkürgewalt und Freiheit führt die Entwicklung zunächst

---

[1] Vgl. dazu ausführlich meine Abhandlung über »Schiller und die Idee der Freiheit« im Schiller-Festheft der »Kant-Studien«, Bd. X, S. 346—372.

nur weiter zur Negation der Unfreiheit, zu der bloß
negativen Freiheit als eines Freiseins vom äußeren Zwange.
Aber bald gewinnt sie jene innere Bindung und besonnene
Mäßigung, der das bloße Anrennen gegen äußeren Zwang
und Druck, die bloße Sucht nach Neuerung zu lächerlich
erscheint, als daß dadurch auch nur ein Aufwallen des
Blutes gerechtfertigt werden könnte:

> »Die lächerliche Wut
> Der Neuerung, die nur der Ketten Last,
> Die sie nicht ganz zerbrechen kann, vergrößert,
> Wird mein Blut nie erhitzen.«

Die fortschreitende Entwicklung im Leben und in der
Kunst führt endlich aber den Dichter, sein Denken läuternd
und stärkend am Denken Kants, zum Ewigkeitssinne der
Freiheit. Er entdeckt ihn im ewigen »Reiche der Zwecke«,
auf denen sich gründen auch die

> »ew'gen Rechte
> Die droben hangen unveräußerlich
> Und unzerbrechlich, wie die Sterne selbst.«

Nun ist die Freiheit nicht bloß von aller Willkür und
Gewalt geschieden, jetzt steht sie »gegen Gewalt«. Gegen
die Willkür und gegen die Gewalt wird als der »schönste
Sieg«, den es im Leben zu erringen gilt, der Sieg über
die eigene Willkür erklärt durch Selbstbesinnung und
Selbstbestimmung, durch Selbstbezwingung und Selbst-
beherrschung. Dadurch erlangen wir erst ein wahres Selbst
in dem tiefen Sinne der Persönlichkeit und des Charakters.

Das ist zugleich der Sinn, in dem der Dichter den
Autonomiegedanken Kants übernimmt. Er ist sich dessen
genau bewußt, was er Kant verdankt, er verehrt in Kant
geradezu seinen »vortrefflichen Lehrer« und er bezeugt
diesem sein Dankesbewußtsein mit den schönen, geradezu
denkwürdigen Worten: »Nehmen Sie, vortrefflicher Lehrer,
schließlich noch die Versicherung meines lebhaftesten
Dankes für das wohltätige Licht, das Sie in meinem Geist
angezündet haben; eines Danks, der wie das Geschenk,
auf das er sich gründet, ohne Grenzen und unvergänglich

ist.« Aber es ist gerade das ästhetisch-künstlerische Bedürfnis, das Schiller dazu bestimmt, am ethischen Zentral-
gedanken Kants von der Autonomie durchaus festhaltend,
über Kant hinauszuführen und die Sphäre der Selbstbestimmung zu erweitern. Sein Versuch mag philosophisch
unzulänglich sein, er mag in seinen ausgesprochen philosophischen Abhandlungen vielleicht sogar weniger ge-
glückt sein, als in seinen dichterischen Werken, insbesondre
in seinen philosophischen Gedichten. Trotzdem liegt darin
ein auch rein philosophisches Verdienst, dem wir dauernd
Beachtung zu schenken haben.[1]) Ich meine den Versuch
Schillers, von der »einseitigen moralischen Schätzung des
Menschen« vorzudringen zu dem, was er, freilich nicht
gerade glücklich, als die »vollständige anthropologische
Schätzung« bezeichnet. Von der Unzulänglichkeit befreit,
würde dieser Versuch dahin abzielen, die Autonomie auf
das Gesamtgebiet dessen zu beziehen, was Kant als »Reich
der Zwecke« bezeichnet hatte, und so zu der Forderung,
die Schiller wieder, und zwar diesmal recht glücklich, als
die der »Totalität des Charakters« aufgestellt hatte, zu ge-
langen. Streng wissenschaftlich philosophisch mag der
Versuch bei Schiller unzulänglich geblieben sein. Als
Versuch bleibt er nichtsdestoweniger wertvoll, als Ver
such, auf der Totalität der Werte die »Totalität des
Charakters« zu gründen. Und schließlich gab er dem,
was ihm auf dem Gebiete strenger Wissenschaft versagt
war, doch auf dem seiner Kunst eine ganz bestimmte Er-
füllung. Wenn dem Künstler die Würde der Menschheit
in die Hand gegeben ist, so bedeutet das, daß ihm, und
das ist der höchste Sinn der Freiheit jetzt, die Wahrung
der Freiheit in der positiven Bedeutung in die Hand
gegeben ist als eine Freiheit zur Bestimmung des Menschen
in ihrem ganzen Umfange. In diesem und durch ihn
vollendet sich die »Totalität des Charakters« für den

---

[1]) Vgl. dazu jetzt meine »Ethik« in der »Kultur der Gegenwart«, »Systematische Philosophie«, 3. Aufl., S. 247.

Einzelnen, indem er eben dadurch zugleich hineingestellt wird in »das verwickelte Ganze der Gesellschaft«.

Wird das Problem auch noch nicht mit der notwendigen Schärfe von dem Problem unterschieden, das wir zum Unterschiede von dem Problem der Gesellschaft als das Problem der Gemeinschaft in einem tieferen Sinne zu bezeichnen haben, so erhält doch auch der Gemeinschaftsgedanke in der Kunst Schillers und durch seine Kunst ebenso eine Weihe und eine Durchleuchtung, wie seiner Darstellung und Auswirkung die ästhetische Stimmung selbst als Stütze dient. Das gilt nicht allein vom Gemeinschaftsgedanken in seiner Allgemeinheit, das gilt auch von seinen konkreten Gestaltungen im konkreten lebendigen Leben.

Schon die elementare soziale Form des Umgangs und der Geselligkeit wird davon berührt. Der ästhetischen Stimmung schreibt der Dichter auch eine unmittelbar soziale Wirkung zu. Habe, so meint er, jene erst im Gemüte des Einzelnen Raum gewonnen, so ergreife sie von da aus auch die Gesellschaft (und, so könnten wir hinzufügen, bilde sie diese zur Gemeinschaft). Denn liebe der Einzelne erst das Schöne, so suche er es auch zu verbreiten, um als »Freiheit in der Erscheinung« zu wirken. Er kann selbst nur frei sein, indem er auch die Freiheit der anderen schont. Aber um das zu vermögen, muß er auch sich »zu fremder Vorstellungsart erweitern, fremde Natur treu und wahr in sich aufnehmen, fremde Situationen sich aneignen, fremde Gefühle zu den seinigen machen können« durch Regsamkeit seines eigenen Gefühls. Das ist die Kunst, die wir als »Takt« bezeichnen. Schiller sieht darin das Wesen des »guten Tones« und der »Schönheit des Umgangs«. Sie ist nach ihm rein ästhetischen Ursprungs. In ihr erzeugt sich die »edle Geselligkeit« und der »gesellige Charakter«. Die Forderung der »schönen Geselligkeit« oder des »guten Tones« schließt zwei Gesetze in sich: »Das erste Gesetz des guten Tones ist: schonen fremde Freiheit, das zweite: zeige selbst Freiheit«.

Beide vereinigen sich in einem gemeinsamen »Grundgesetze«, dem Grundgesetze nämlich: »Freiheit zu geben durch Freiheit.« Hier künden sich Gedanken an, die später durch Nietzsches Forderungen der »Vornehmheit« und der »schenkenden Jugend« eine selbst besonders vornehme und edle Ausprägung erhalten sollten. Es ist nach Schiller auch eine ästhetische Notwendigkeit, die ihre soziale Wirkung auch in der zartesten und, bei aller sozialen Bedeutung, zugleich persönlichsten Form des Gemeinschaftslebens, in der Familie ausübt und darstellt und der Gemeinschaftsidee wiederum konkrete, ja besonders konkrete Gestalt gibt. Das ist »die schönere Notwendigkeit, die die Geschlechter zusammenkettet, der Herzen Anteil, der das Bedürfnis bewahren hilft, das die Begierde nur launisch und wandelbar knüpft«. Und wie Schiller in der Familie einen ästhetischen Antrieb sucht, so gießt seine Kunst auf die Familie als den Grundquell wahren Gemeinschaftslebens und zugleich sein zartestes Band eine Weihe aus, die geradezu ein Heiligtum im Herzen besonders der Deutschen geworden ist, indem sie gerade dem Persönlichsten und Individuellsten im sozialen Leben seinen überpersönlichen und überindividuellen Wert weihend und heiligend zu bezeichnen vermag.

Auch für den letzten und höchsten Zweck des Staates sucht Schiller in der »ästhetischen Erziehung« eine notwendige Stütze. Mit dem deutschen Idealismus, insbesondere mit Fichte, sieht er den letzten und höchsten Zweck des Staates in der Erziehung und Bildung des Menschen zu Vernunft und Freiheit, so daß der bloße »Naturstaat« in den »Vernunftstaat«, in den »Staat der Freiheit« übergeführt werde. Da ergibt sich nun die eigenartige Schwierigkeit: »Der Naturstaat (wie jeder politische Körper heißen kann, der seine Einrichtung ursprünglich von Kräften, nicht von Gesetzen ableitet) widerspricht nun zwar dem moralischen Menschen, dem die bloße Gesetzmäßigkeit zum Gesetze dienen soll; aber er ist doch die Existenzbedingung für den physischen«. Denn zunächst ist allein der Naturstaat »wirklich, und der sittliche nur problematisch«. Die Schwierigkeit ist daher diese: »Hebt also die Vernunft den Naturstaat auf, wie sie notwendig muß, wenn sie den ihrigen an die Stelle setzen will, so wagt sie den physischen und wirklichen Menschen an den problematischen sittlichen, so wagt sie die Existenz der Gesellschaft an ein bloß mögliches (wenngleich moralisch notwendiges) Ideal von Gesellschaft. Sie nimmt dem Menschen etwas, das er wirklich besitzt, und ohne welches er nichts besitzt, und weist ihn dafür an etwas, das er besitzen könnte und sollte; und hätte sie zuviel auf ihn gerechnet, so würde sie ihm für eine Menschheit, die ihm noch mangelt und unbeschadet seiner Existenz mangeln kann, auch selbst die Mittel zur Tierheit entrissen haben, die doch die Bedingungen zu seiner Menschheit sind.«

Der sinnliche Mensch darf also nicht verloren gehen, damit der sittliche Mensch im Staate darstellbar werde. »Das große Bedenken also ist, daß die physische Gesellschaft in der Zeit keinen Augenblick aufhören darf, indem die moralische in der Idee sich bildet, daß um der Würde des Menschen willen seine Existenz nicht in Gefahr geraten darf. Wenn der Künstler an einem Uhrwerk zu bessern hat, so läßt er die Räder ablaufen; aber das lebendige Uhrwerk des Staates muß gebessert werden, indem es schlägt, und hier gilt es, das rollende Rad während seines Umschwungs auszutauschen. »Man muß also für die Fortdauer der Gesellschaft eine Stütze suchen«, die den Übergang vom Naturstaate zum Staate der Freiheit herstellen kann, einen »dritten Charakter«, der den sinnlichen mit dem sittlichen Charakter im Menschen verbindet, »der, mit jenen beiden verwandt, von der Herrschaft bloßer Kräfte zu der Herrschaft der Gesetze einen Übergang bahnte und, ohne den moralischen Charakter an seiner Entwicklung zu verhindern, vielmehr zu einem sinnlichen Pfande der unsichtbaren Sittlichkeit diente«. Das aber ist der ästhetische Charakter, in dem sich der sinnliche und der sittliche Mensch verbindet. Darum wendet sich die Kunst auch gerade an den Menschen, weil er allein Vernunft und Sinnlichkeit in seinem Wesen vereinigt. Reine Vernunftwesen könnten dem Menschen an Vernünftigkeit gleich oder überlegen sein; fehlte ihnen die Sinnlichkeit, so fehlte ihnen auch die Empfänglichkeit für Kunst. Bloße Sinnenwesen wiederum könnten an sinnlicher Fertigkeit und Geschicklichkeit dem Menschen überlegen sein. Aber weil ihnen als bloßen Sinnenwesen die Vernünftigkeit fehlte, so fehlte ihnen auch die Fähigkeit sich zum Schönen als einem übersubjektiven Werte zu erheben. Des Angenehmen wären sie fähig, der Aufnahme des Schönen nicht. Darum gilt:

> »Im Fleiß kann dich die Biene meistern,
> In der Geschicklichkeit ein Wurm dein Lehrer sein.
> Dein Wissen teilst du mit vorgezogenen Geistern,
> Die Kunst, o Mensch, hast du allein.«[1])

In dieser dem Menschen allein eigentümlichen Fähigkeit zur Kunst liegt auch die »Stütze«, uns vom »Naturstaate« zum »Staate der Freiheit«, zum »Vernunftstaate« zu geleiten. Darum kann die Erziehung zur Kunst, kann überhaupt die »ästhetische Erziehung des Menschen« zugleich ein Übergang dazu sein, ihn auch politisch zum »Vernunftstaate«, zum »Staate der Freiheit« zu erziehen.

Ich habe mit Absicht für das Problem des Staates den Dichter einmal auch als Denker ausführlich mit seinen eigenen Worten sprechen lassen, nicht weil ich glaubte, daß diese Worte auch schon das letzte Wort zu dem politischen Problem wären, aber darum, weil sie geeignet sind, uns die ganze Wucht und Schwere des Problems zu lebendigem Bewußtsein zu bringen. Das aber tut heute

---

[1]) In diesem Gedanken zeigt sich übrigens wiederum mit besonderer Deutlichkeit der Einfluß Kants. Auch dieser erklärt: »Annehmlichkeit gilt auch für vernunftlose Tiere; Schönheit nur für Menschen, d. h. tierische aber doch vernünftige Wesen, aber auch nicht bloß als solche (z. B. Geister), sondern zugleich als tierische; das Gute aber für jedes vernünftige Wesen überhaupt«.

besonders not, wo jeder politische Schwätzer mit seinem
Parteirezept und seiner Phrase dieses schwierigen, wuch-
tigen Problems glaubt Herr werden zu können. Gegenüber der unseligen Unbesonnenheit, Leichtfertigkeit, Un-
ehrlichkeit und Verlogenheit unserer Tage steht Schiller
auch auf politischem Gebiete da als ein Erzieher zur Be-
sonnenheit, zu heiligem Ernst, zur Ehrlichkeit und Wahrhaftigkeit.

Höher aber noch, als der Denker des Staatsgedankens,
steht in Schiller jedoch der Dichter des nationalen Ge-
dankens. Die konkrete Gestaltung, die das Gemeinschaftsleben in der Nation findet, ist zugleich die Form, unter
der allein dem Menschenleben ein Sinn und Inhalt er-
wächst, indem dem Einzelnen seine besonderen Ziele und
Aufgaben im Berufe sich stellen, in deren Dienste er
seinem Leben einen Wert und einen Zweck zu erarbeiten
vermag, und unter der allein auch die ganze Menschheit
konkreten Gehalt und konkrete Fülle in dem immer national
bestimmten Kulturschaffen der Menschheit empfangen kann.
In der Persönlichkeit, wie in der Menschheit liegen gewiß
unaufgebbare Forderungen, aber diese Forderungen werden
nur im nationalen Leben und durch das nationale Leben
erfüllbar. Nur in ihm und durch dieses vermag der Einzelne überhaupt erst zur Persönlichkeit zu werden, nur
aus dem kulturschaffenden Leben der Nationen und aus
ihm und seiner charakteristischen Prägung empfängt auch
erst die Menschheit ein Gepräge und einen Charakter.
Nationslose Menschheit und nationslose Persönlichkeit wären
sinnlose Abstraktionen, weil die eine charakterlose Menschheit, die andere charakterlose Persönlichkeit wäre. Gerade
im Interesse der besonderen Bestimmung des Lebens jedes
Einzelnen, wie im Interesse der Bestimmung der Menschheit, die beide ohne die Nation abstrakte Nichtigkeiten,
charakterlose Schemen würden, stellen Nation und Vater-
land selber nicht bloß ein hohes Gut, sondern geradezu »der Güter Höchstes« dar. Ihre Ehre ist heilig und
unverletzlich, an ihre Ehre hat die Nation alles zu setzen.

Und geradezu »elend ist die Nation, die nicht ihr Alles
setzt an ihre Ehre«. Gerade auf ihrer vollen Höhe und
in ihrer vollen Reife gelangt Schillers Kunst auch zur
schönsten Würdigung des nationalen Lebens und vermag
dahin zu wirken und zu erziehen, daß das Volk sich als
ein »einzig Volk von Brüdern« verstehen lerne. Und
wiederum auf dieser Höhe und in dieser ihrer Reife gewinnt bei Schiller auch der Freiheitsgedanke gerade für
das nationale Leben und am nationalen Gedanken erst
seine ganze Tiefe. War er zunächst mit Willkür und Gewalt gleichgesetzt, um sodann zur bloßen Negation der
Unfreiheit, ferner zur bloß negativen Freiheit eines Freiseins
von äußerem Zwange zu führen und weiter schon zur
inneren Bindung und besonnenen Mäßigung sich zu wandeln
und endlich in dem Ewigkeitssinne des Freiseins für unsere
höchste Bestimmung und nun gerade gegen Gewalt und
Willkür zu gipfeln, so bezeichnet diese höchste Gipfelung
der Freiheit gerade die Freiheit des Vaterlandes zugleich
als innere freie Selbstbindung an dieses, das es festzuhalten
mit allen Banden gilt, für das der Einzelne auch sich im
Kampf gegen die Gewalt zu opfern hat, weil es »der Güter
Höchstes« ist:

> »Der Güter Höchstes dürfen wir verteidigen
> Gegen Gewalt. — Wir stehn für unser Land,
> Wir stehn für unsere Weiber, unsere Kinder.«

»Der Güter Höchstes« aber ist es, weil allein in
ihm und durch es überhaupt Güter konkret darstellbar
werden für den einzelnen Menschen, wie für die Kultur-
menschheit.

Dem Deutschen aber hat er einmal in tiefer Not und
im tiefen Unglück die Frage gestellt, ob er trotz Not und
Unglück noch »sich fühlen«, noch »sein Haupt erheben
und mit Selbstgefühl auftreten dürfe in der Völker Reihe«.
Und er hat darauf geantwortet: »Ja, er darf's! Er geht un-
glücklich aus dem Kampf, aber das, was seinen Wert aus-
macht, hat er nicht verloren.« Nehmen wir im gegenwärtigen Unglück, in unserer Not, ja in unserem bittersten

Elend die Frage auch für uns gestellt und nehmen wir
sie mit trotzigem Mut auch für uns beantwortet. Halten
wir heilig auch Schillers Überzeugung von der Bestimmung
gerade des Deutschen: »Er ist erwählt von dem Weltgeist,
während des Zeitkampfs an dem ew'gen Bau der Menschenbildung zu arbeiten.« Der Dichter war ein deutscher
Arbeiter am »ew'gen Bau der Menschenbildung« und er
helfe auch, uns selbst dazu zu bilden.

Druck von Hermann Beyer & Söhne (Beyer & Mann) in Langensalza.

Verlag von Hermann Beyer & Söhne (Beyer & Mann) in Langensalza.

Friedrich Mann's
Pädagogisches Magazin.
Abhandlungen vom Gebiete der Pädagogik
und ihrer Hilfswissenschaften.

Ein vollständiges Verzeichnis steht auf Wunsch kostenlos zur Verfügung.

*(Auf die hier angeführten Grundpreise kommt noch ein Teuerungszuschlag. Die mit einem
* versehenen Hefte sind gebunden vorrätig. Grundpreis des Einbands 0,75 bezw. 0,90 M.)*

800. Freytag-Loringhoven, General d. Inf. Dr. Freiherr von, Die
Pflege geschichtlicher Erinnerungen. 1 M.
*801. Below, Univ.-Prof. Geh. Rat D. Dr. Dr. Georg von, Die parteiamtliche
neue Geschichtsauffassung. 3,60 M.
*802. Klumker, Prof. Dr. Chr. J., Kinder- und Jugendfürsorge. Ein-
führung in die Aufgaben der neueren Gesetze. 2,75 M.
*803. Wychgram, Dr. M., Quintilian in der deutschen und französischen
Literatur des Barocks und der Aufklärung. 5,10 M.
804. Freytag-Loringhoven, General d. Inf. Dr. h. c. Freiherr von,
Antrieb und Wesensart der französischen Festlands-Politik von Richelieu
bis heute. 1 M. [in der Volkshochschule. 1,50 M.
805. Pistor, Prof. Dr., und Wallner, Lehrer, Die Naturwissenschaften
806. Marx, Dr. L., Der Streit um Wesen und Wert der Anschauung. 1 M.
807. Saupe, E., W. Wundts päd. u. schulpolitischen Anschauungen. 90 Pf.
*809. Martin, Dr. Hans, Schmid-Schwarzenberg als Volkserzieher. 3,90 M.
810. Friel, Dr. K., Rousseau u. d. Erziehungsbestreb. d. Gegenwart. 1,75 M.
811. Winzer, Rektor H., Allgemeine ernste Kriegsnachteile für die Volksschule und einige Hinweise zu ihrer Überwindung. 90 Pf.
813. Simon, G., Beugt Straftaten eurer Kinder vor! Winke ein. Juristen. 1 M.
814. Wolff, G., Beamtenprobleme im republikanischen Staate. 2 M.
*815. Budde, Prof. Dr. G., Welt- u. Menschheitsfragen in der Philosophie
Rudolf Euckens. 3 M. [Wissenschaft. 75 Pf.
816. Fehn, Dr. A., Die Erziehung des Menschen im Lichte naturgemäßer
817. Hahn, Robert, Staatsbürgerliche Erziehung nach dem Verhältnis
zwischen Seele und Staat. 80 Pf. [Schule. 3,30 M.
*818. Weiß, Prof. Dr. G., Das deutsche Gymnasium als die neue höhere
*819. Panajotidis, Dr. G., Die Lehre Wundts vom primitiven Geistes-
leben. 2,50 M. [dramat. Lektüre. 1 M.
820. Maier, Dr. J. U., Über das Wesen und die didakt. Behandlung der
*821. Siebert, Dr. O., Rudolf Euckens Welt- und Lebensanschauung und
die Hauptprobleme der Gegenwart 3. Aufl. 5 M.
822. Kirchner, Lic. Dr. V., Zur „Freiheit" in christl. Beleuchtung. 90 Pf.
823. Siebert, Dr. Otto, Einsteins Relativitätstheorie und ihre kosmo-
logischen und philosophischen Konsequenzen. 4. Aufl. 1,50 M.
824. Heußmann, H., Der Schüler-Arbeitsgarten im Dienste des Werk-
unterrichts. 2 M. [Entwicklung der Fortbildungsschule? 3,20 M.
*825. Mayer, Mathilde, Welche kulturellen Strömungen bestimmen die
*826. Fink, Prof. Dr. E., Die Regeldetri, das Hauptziel des Rechenunterrichtes
zugleich ein Mittel zur Ausbildung und Prüfung der Intelligenz. 3 M.
827. Müller, Dr. P. G., Berufsberatung u. Stellenvermittlung bei Schwach-
begabten. 2 M.
828. Neuendorff, Studiendir. Dr. Edm., Wider den Intellektualismus
und von seiner Überwindung durch die Schulgemeinde. 1,70 M.
829. Eichhorn, Seminarlehrer A., Die Charakterentwicklung der männ-
lichen Jugend im Fortbildungsschulalter. 1,70 M.
830. Dannenberg, Dr. Fr., Fichte und die Gegenwart. 1,20 M.

*831. Martin, Dr. Anna, Die Gefühlsbetonung von Farben und Farben-kombinationen bei Kindern. 1,70 M.
832. Pestalozza, Hanna Gräfin von, Erziehung und Berufswahl. 75 Pf.
833. Peters, Prof. Dr. W., Die Gestaltung der Lehrerbildung an der Hochschule. 1,40 M.   [Pädagogik. 4,20 M.
*834. Wolff, Sem.-Oberl. A., Das Prinzip der Selbsttätigkeit in der modernen
835. Brüger, Lehrer Karl, Die volkstümlichen Überlieferungen der er-zählenden Dichtung unserer Vorfahren als Mittel zur Erziehung im Geiste des deutschen Volkstums. 1,80 M.
836. Metscher, Gustav, Die öffentliche Unterrichtsstunde. 75 Pf.
837. Wagner, Studienrat Dr. J., Die Schulstrafe im Urteil d. Schülers. 1 M.
838. König, Geh. Kons.-Rat Prof. D. Dr. Dr. Ed., Spengler's Untergang des Abendlandes. 2. Aufl. 1,25 M.
839. Gutbier, Hermann, Die Lateinschule zu Langensalza. 1 M.
840. Reuschel, Prof. Dr. K., Das Volkstum in der Volkshochschule. 1 M.
*841. Tiling, M. d. L., Oberin Mgd. von, Psyche und Erziehung der weib-lichen Jugend. 2. u. 3. Aufl. 1,50 M.   [meyer. 3 M.
*842. Rinck, Dr. Georg, Die Erziehung zur Selbsttätigkeit bei A. H. Nie-
843. Weiß, Prof. Dr. G., Zur Geschichte d. Reichsschulkommission. 1,50 M.
*844. Freytag-Loringhoven, General d. Inf. Dr. Frhr. von, Zur Er-kenntnis deutschen Wesens. 2 M.
845. Mulert, Prof. Dr. H., Die Aufgabe der Volkshochschule gegenüber den Weltanschauungsgegensätzen in unserem Volke. 1 M.
*846. Mladenowitsch, Dr. W., Die Grundlage d. Erziehungslehre. 3,50 M.
*847. Faulhaber, D. Dr. Ludwig, Oberthür als Pädagog. 3,50 M.
*848. Braun, Studienrat Dr. K., Kleinkinderpädagogik bei J. H. Campe. 3,50 M.
851. Stern, Dr. phil. et med. Erich, Über d. Begriff d. Gemeinschaft. 1,80 M.
852. Behrend, Studienrat Dr. F., Die Stellung der Religion innerhalb der Kultur u. des Begriffs d. Religion im System der Philosophie. 1,50 M.
*853. Vogel, Prof. Dr. P., Die Idee des deutschen Gymnasiums und ihre Verwirklichung. 2,70 M.
854. Leidolph, Dr. E., Mathematische Geographie in der Volksschule. 1 M.
*855. Beyme, Dr. M., Die stroboskopischen Erscheinungen. 2,50 M.
857. Rein, Prof. Dr. W., Der Lehrplan der Grundschule. 90 Pf.
*858. Koch, Dr. B., Der Rhythmus. Untersuch. üb. sein Wesen u. Wirken in Kunst und Natur und seine Bedeutung für die Schule. 2,80 M.
*861. Caspers, Dr. E., Goethes päd. Grundanschauungen im Verhältnis zu Rousseau. 1,65 M.
862. Götze, O., Adolph Diesterweg und Friedrich Fröbel. 1,30 M.
*864. Popp, Dr. Walter, Unterrichtsreform! 5,70 M.
865. Rein, Prof. Dr. W., Der Kampf um die Schule mit Beziehung auf die Verhältnisse Thüringens. 1,25 M.   [Kinderzeitschrift. 3 M.
*866. Burhenne, Heinrich, Kinderherz. Ein Beitrag zur Frage der
867. Lange, Oberschulrat Dr. K., Wider geistige Zwangswirtschaft auf dem Gebiete des Volksschulunterrichts. 1,25 M.
898. Braun, Studienrat Dr. K., Das deutsche Schulwesen in Polen. 75 Pf.
*869. Lee, Dr. K., Das Wollen, als Grundtatsache des Bewußtseins. 2,90 M.
870. Wendt, Seminarl. Fritz, Skizzen zur erdkundlichen Methodik. 1,50 M.
871. Schröer, Heinrich, Volksbildung und Turnlehrer. 75 Pf.
*872. Böhm, Dr. Friedr., Rudolf Euckens Stellung zum Sozialismus. 2 M.
873. Metscher, Gustav, Das Formen in der ersten Grundschulklasse. 75 Pf.
*874. Mayer, Geh. Hofrat Prof. Dr. E., Vom alten und vom kommenden Deutschen Reich. Reformvorschläge. 3,20 M.
*875. Pestalozza, Dr. August Graf von, Der Weg zum Glück. 1,75 M.
*876. Pestalozza, Dr. Hanna Gräfin von, Der Streit um die Koedukation in den letzten 30 Jahren in Deutschland. 3,50 M.   [1,80 M.
877. Rohden, Dr. R. v., Hauptvertreter des Schulgemeindegedankens.
878. Wegner, Oberl. Alex., Schlechtschreibung od. Rechtschreibung? 1,65 M.
879. Dannenberg, Dr. Friedrich, Idealismus und Anthroposophie. 1 M.

Friedrich Mann's
Pädagogisches Magazin.

Ein vollständiges Verzeichnis steht auf Wunsch kostenlos zur Verfügung.

*(Alle Preise sind Goldmarkpreise. Die mit einem * versehenen Hefte sind gebunden vorrätig.*
Preis des Einbands 0,60 G.-M.)

263. Bauch, Prof. Dr. Bruno, Schiller und seine Kunst in ihrer erzieherischen Bedeutung für unsere Zeit 2. Aufl. 0,35 M.
*346. Karstädt, Geh. Reg.-Rat Dr. Otto, Mundart u. Schule. 4. Aufl. 2,70 M.
*597. Messer, Prof. Dr. Aug., Die freideutsche Jugendbewegung. 5 Aufl. 3,20 M. [0,45 M.
770. Weiß, Prof. Dr. G., Reichsverfassung u. Arbeitsunterricht. 2. Aufl.
*786. Petersen, A., Ein Gang durch das erste Schuljahr. 6. Aufl. 3,20 M.
*841. Tiling, M. d. L., Oberin Mgd. von, Psyche und Erziehung der weiblichen Jugend. 4. Aufl. 1,20 M.
*933. Mahling, Prof. D., Soziale Gesichtspunkte im Religionsunterricht und in der religiösen Unterweisung, zugleich eine Einführung in die soziale Gedankenwelt des Neuen und Alten Testaments. 2. Aufl. 3,60 M.
*949. Rein, Prof. Dr. Wilh., Bildende Kunst u. Schule. 3. Aufl. 1,40 M.
*950. Wundt, Prof. Dr. M., Die Zukunft d. deutschen Staates. 2. Aufl. 0,45 M.
*960. Bang, Oberfin.-Rat Dr., Volkswirtschaft u. Volkstum. 4. Aufl. 1,50 M.
*968. Heywang, Ernst, Was ist Arbeitsschule? Antwort in Lehre und Beispiel. 2. Aufl. 1,50 M.
971. Bachmann, Prof. D. Ph., Der Religionsunterricht der Schule und die Kirche. 1,20 M. [Religionsunterricht. 0,40 M.
972. Pfennigsdorf, Prof. D Emil, Methode und Persönlichkeit im
973. Honigsheim, Dr. P., Soziologie, Staatswissenschaften und politische Gegenwartsprobleme in der Volkshochschule. 0,40 M.
974. Rehmke, Prof. Dr. Joh., Gemüt u. Gemütsbildung. 2. Aufl. 0,45 M.
*975. Hirsch, Prof. D. E., Die Liebe zum Vaterlande. 3. Aufl. 0,45 M.
976. Rausch, Geh. Studienrat Dr. A., Der praktische Wert der pädagogischen Wissenschaft. 0,30 M. [kindl. Spielgesellschaft. 1,20 M.
*977. Haase, Ernst, Die Grundlagen der sozialen Gesinnung in der
*979. Wundt, Prof. Dr. M., Die Treue als Kern deutscher Weltanschauung. 2. Aufl. 0,70 M.
*984. Pestalozza, Dr. Aug. Graf von, Oberstudiendirektor, Politik und Pädagogik. 0,70 M. [lichen Lebens. 0,80 M.
985. Eucken, Prof. Dr. Rudolf, Ethik als Grundlage des staatsbürger-
986. Sallwürk, Dr. Edm. von, Der Rhythmus d. Geisteslebens. 0,40 M.
987. Wundt, Prof. Dr. M., Was heißt völkisch? 3. Aufl. 0,50 M.
*988. Steinbeck, Prof. D. Joh., Der religionsgeschichtliche Unterricht in der Schule. 1,— M.
990. Jetter, Rektor, Die psychol. Gestaltung d. Religionsunterr. 0,35 M.
*991. Tomforde, Dr. Hans, Das Recht des unehelichen Kindes und seiner Mutter im In- und Ausland. 2. Aufl. 2,60 M.
992. Rein, Prof. Dr. W., Zur gegenwärtigen Lage d. Lehrerbildung. 0,45 M
*993. Ritzert, Dr. G., Die Religionsphilosophie Ernst Troeltschs. 1,— M.
994. Messer, Prof. Dr. August, Kant als Erzieher. 0,35 M.
*995. Basedow, Pfarrer A., Joh. Bernh. Basedow (1724—1790). 2,20 M.
*996. Croner, Else, Die Psyche der weiblichen Jugend. 2. Aufl. 1,20 M.
*998. Neumann, Studienrat Dr. R., Die Lüge von der deutschen Kriegsschuld im Geschichtsunterricht der deutschen Schulen. 1,60 M.
*999. Rein, Prof. Dr. W., Marx oder Herbart. 0,65 M.
1001. Sallwürk, Staatsrat Dr. E. v., Die Wege der Erkenntnis 0,55 M.
1002. Schulte, Dr. Rob. Werner, Erziehung und Bildung im Sturm und Drang der Entwicklungsjahre. 0,35 M
1003. Kramer, Studiendirektor Dr. Fr., Die Willenskrankheiten und ihre pädagogische Therapie. 0,40 M. [2,— M.
1004. Luchtenberg, Prof. Dr. P., Instinktforschung u. Teleologieproblem.

*1006. Jourdan, Dr. Kurt, Einrichtung eines Jugendamts nach dem R.J.W.G. in Stadt und Land unter besonderer Betonung der Amtsvormundschaft. 1,40 M.   [erholungsfürsorge 5,— M.
*1007. Rott, Prof. Dr., u. Stahl, Dr., Ziel und Gestaltung der Kinder-
1008 Fick, Prof. Dr. R., Bibliothek und Schule. 0,65 M.
1009. Böhm, A., Das freie Unterrichtsgespräch im Dienste d. freien geistigen Tätigkeit d. Schülers. 0,50 M.
*1010. Budde, Prof. Dr. G., Gegenwartsfragen im Spiegel d. Welt- u. Lebensanschauung Fichtes. 1,35 M.
*1011. Maurenbrecher, Dr. Max. Völkischer Geschichtsunterricht. 2,50 M.
1012. Fabian, Dr. G., Beitrag z. Geschichte d. Leib-Seele-Problems. 4,80 M.
*1013. Jung, Prof. Dr. Dr. E., Deutsche Geschichte für Deutsche. 1,— M.
*1014. Wehn, Dr. Otto, Die Bekämpfung schädlicher Erwerbsarbeit von Kindern als Problem der Fürsorge. 1,50 M.
1015. Mueller-Otfried, Paula, M. d. R., Der deutsch-evangelische Frauenbund im Kampf der Zeiten. 0,35 M.
*1016. Freytag, Dr Martin, Die Möglichkeit der Verwertung der Volkskunde im Unterricht der Volksschule. 1,10 M.
*1017. Bang, Oberfinanzrat Dr., Staat und Volkstum. 2. Aufl. 0,90 M.
1018. Nowack, Dr. Walter, Zur Lehre von den Gesetzen der Ideenassoziation seit Herbart bis 1880. 2,40 M.
1019. Porembsky, M. v., Sonntagsandachten für Mutter u. Kind, 2,10 M.
1020. Heywang, Ernst, Religionsunterricht und Arbeitsschule. 0,45 M.
*1021. Wagner, Schulrat, Schaffen und Schauen. Arbeitsschulmäßiger Anschauungsunterricht in der Grundschule. 1. Teil. 1,40 M.
*1022. Hesse, Oskar, Schaffen und Schauen. 2. Teil. 3,60 M.
*1023. Becker, Dr Herbert Theodor, Das Problem der Pädagogik in der kritischen Philosophie der Gegenwart. 2,10 M.
*1024. Ferber, Dr. G., Berthold Ottos Pädagogisches Wollen und Wirken. 1,80 M.   [Ideen. 0,80 M.
1025. Bornmann, Dr. Fr., W. Curtman als Vorkämpfer für moderne päd.
*1026. Merk, Prof. Dr. W., Vom Werden u. Wesen d. deutschen Rechts. 1.70 M.
1027. Hacker, Prof. Curt, Deutscher Dank an Rudolf Eucken. 0,30 M.
*1028. Wahl, Prof. Dr. Adalbert, Der völkische Gedanke und die Höhepunkte der neueren deutschen Geschichte. 0,60 M.
1029. Fuchs, Prof. Dr., Die Gerechtigkeit des Lehrers. 0,40 M.
*1030. Hübner, Prof. Dr. A., Arndt und der deutsche Gedanke. 0,65 M.
1031. Rehm, Prof. Dr. A., Zum Kampf um das Reichsschulgesetz. 0,45 M.
1033. Schlegel, Rektor E., Der Religionsunterricht in der Oberklasse der Volksschule. 0,80 M.   [Erziehung. 0,55 M.
1034. Heine, Prof. Dr. Gerhard, Die Bedeutung der Dichtkunst für die
1035. Uneheliche Kinder in den nordischen Ländern und im deutschen Reiche. 2,— M.
1036. Jung, Prof. Dr. Dr. E., Das „Gesetz“ der Geschichte. 1,70 M.
1037. Lammert, Dr. Friedrich, Geistige Eigentätigkeit des Schülers. 1 M.
1038. Haase, Dir. Dr. K, Methodik und Gemeinschaftsleben. 0,35 M.
1039. Budde, Prof. Dr. Gerhard, Was fordern wir für die Neubildung der höheren Schulen? 0,75 M.
1041. Prilipp, Beda, Brynhild und die Madonna. 1,— M.
1042. Weigelt, Pfarrer, Die erste Thüringer Bauernhochschule in Neudietendorf. 0,40 M.
*1044. Heinrich, Dr. K., Zur Kritik des modernen Sozialismus. 0,50 M.
1045. Bauch, Prof. Dr. Br., Fichte u. der deutsche Staatsgedanke. 0,90 M.
1046. Krebs, Albert, August Hermann Francke und Friedrich Wilhelm I. 1,50 M.
1047. F. Müller, Religionspsychologie i. Dienste d. Religionsunterr. 0,65 M.
1048. Rein, Prof. Dr. W., Was will der Christliche Elternbund? 0,30 M.